Secrets pour les in[...]

Devenir un joueur professionnel

Table des matières

Un guide pour devenir un influenceur de jeux vidéo 5

Influenceurs de jeux vidéo 5

Le type de profils de joueurs qui existent 7

Comment gagner un revenu en étant un influenceur de jeux vidéo ? 9

Les meilleurs conseils pour devenir un influenceur de jeux vidéo 15

Jeux pour gagner de l'argent en tant qu'influenceur 18

Le pouvoir de Fortnite sur le marché des joueurs 21

La figure d'un youtuber de jeux vidéo à succès 24

S'engager dans les jeux vidéo comme une forme d'entreprise 29

Les conditions requises pour devenir un youtuber de jeux vidéo 30

Découvrez comment créer une chaîne YouTube de jeux vidéo à succès.
.... 32

Création de contenu recommandée pour devenir un influenceur 36

Les conseils à connaître pour devenir un influenceur de jeux vidéo 39

Savoir comment promouvoir votre contenu de jeu 41

La formule pour attirer les marques et gagner des revenus en tant que
joueur 43

Devenir un joueur influent sur Twitch 45

Le type de personnalité d'un influenceur sur Twitch 47

Comment monétiser sur Twitch 49

L'opportunité de réussir en tant qu'influenceur de jeux sur Facebook 52

Tout ce que vous devez savoir sur le marketing des jeux 54

Les mythes que le monde du jeu a vaincus 55

Tout sur le marketing des jeux sociaux 57

Le pouvoir des jeux vidéo sur le support numérique 59

Le contenu qu'un influenceur gamer doit créer 63

Stratégies de marketing pour devenir un influenceur de joueurs 65

Les 6 défis des influenceurs de jeux vidéo 70

La domination des influenceurs de jeux vidéo 74

Devenez membre de la communauté des influenceurs 76

Autres titres de Red Influencer 78

**Secrets pour les influenceurs : astuces de croissance pour Instagram
et Youtube** 78

Un guide pour devenir un influenceur de jeux vidéo

Peu à peu, la réalité de gagner de l'argent sur Internet, en particulier dans le monde des jeux vidéo et l'impact qu'ils ont généré sur des plates-formes comme YouTube et Twitch, cela signifie qu'il y a un large scénario de possibilités de tirer le meilleur parti de juste besoin de connaître certaines astuces et des informations importantes pour elle.

Les générations d'aujourd'hui ont cet objectif d'entrepreneuriat dans le monde du jeu sous la plus haute forme, cherchant à diffuser du contenu de qualité et d'autres méthodes pour que vous deveniez un véritable influenceur, maintenant les jeux vidéo ne sont plus seulement un hobby mais une passion qui génère des revenus.

Influenceurs de jeux vidéo

Le milieu du jeu vidéo est un hobby qui devient plus rentable que vous ne le pensez, si votre truc c'est de jouer, vous pouvez faire de cette activité un moyen exclusif de revenu, la façon de faire de cela une réalité est de devenir un influenceur de jeu vidéo, étant une combinaison de la publicité et des joueurs.

Toute personne qui possède et construit un niveau de crédibilité à propos d'un jeu vidéo peut utiliser son influence de manière positive sur les utilisateurs, devenant ainsi un prescripteur utile pour qu'une marque puisse atteindre plus de personnes, et pour cette fonction, l'industrie du jeu vidéo est une solution idéale.

Il y a environ 3 ans, les jeux vidéo sont un média qui se renforce à chaque fois, les jeux vidéo sont un excellent outil pour générer des revenus, surtout parce que les utilisateurs continuent à placer le divertissement en premier lieu, pour cette raison, il a atteint le point d'être un large marché à exploiter.

La présence de la technologie dans tous les domaines de la vie, devient une grande raison pour vous de faire partie de cette industrie qui est toujours en plein essor, pour vous convaincre d'être le pâté de ce monde sont les données suivantes :

Chaque jeu émet un point de marketing et d'attraction inimaginable pour les utilisateurs, grâce à l'investissement qui est fait pour la création d'un jeu, cette action vaut environ 50 millions de dollars.

Un utilisateur "vicieux" en matière de jeux vidéo est capable de dépenser au moins 80 dollars par mois en abonnements, ainsi que pour l'achat d'objets spéciaux ou de skins.

L'âge du jeu s'est accéléré de manière exorbitante, car auparavant, dès l'âge de 10 ans, ils faisaient partie du monde du jeu, mais aujourd'hui, nous voyons des enfants de 5 ans seulement sur ce support, donc les natifs numériques sont en pleine croissance.

Il existe tellement de jeux vidéo aujourd'hui que si vous essayiez de tous les jouer, il vous faudrait plus de 950 ans.

En ce qui concerne les appareils de jeu, 76% possèdent une console pour jouer, tandis que 24% préfèrent le PC, ce sont les plateformes de jeu actuellement utilisées.

Deux personnes sur trois ont déjà joué à un jeu de manière régulière, et cette proportion a augmenté grâce à Facebook et à la compatibilité de nombreux jeux avec les appareils mobiles.

Aujourd'hui, un grand nombre de pays ont classé les jeux vidéo comme un sport, où 10% des joueurs deviennent un exemple à suivre pour devenir des professionnels.

Le traitement de chacune de ces données permet de planifier un parcours de croissance en tant que joueur. Il est essentiel de tenir compte de la puissance des jeux vidéo pour tirer le meilleur parti de chaque support numérique, mais dans cet environnement, il existe toute une diversité de profils de joueurs.

Le type de profils de joueurs qui existent

Pour être un influenceur dans le monde des jeux, vous pouvez jouer de nombreux rôles qui sont disponibles :

Gamer : ce rôle fait partie des fans de jeux vidéo, ce type d'influenceur se concentre directement sur le plaisir des jeux sur certains jeux, ceux-ci sont classés par genre, plateforme, entre autres critères, les adeptes sont en grande partie ceux qui aiment regarder jouer un jeu particulier. Sur ce développement, il est nécessaire d'exposer des techniques pour que les utilisateurs puissent apprendre, c'est la dynamique qui active ce type d'influenceur.

Gameplay Gamer : Ce style consiste à faire un "walkthroughs", où vous passez un jeu avec une fin, est une modalité pour les influenceurs pro, et les adeptes répondent au besoin de vouloir voir le développement du jeu parce qu'ils n'ont pas l'occasion d'en profiter, même pour démontrer le gameplay derrière un type de console, ou aussi être accroché par votre façon de raconter le jeu.

Joueur social/influenceur : L'objectif de ce profil de joueur est d'exposer des campagnes avec l'union par le biais d'amis, ou aussi avec d'autres utilisateurs qui se connectent en ligne, mais la principale exigence est d'émettre du charisme, car la communauté recherche un compte attaché à la comédie, ce type d'influenceur travaille avec d'autres figures connues, il s'agit de créer un cercle ou une alliance pour booster chaque compte.

Ces styles de joueurs sont ceux qui se cachent derrière la position d'influenceur, c'est une façon très potentielle de générer des revenus, mais il est crucial de ne pas perdre cette ligne de faire passer un bon moment aux autres utilisateurs, pour cela la ressource principale est la transmission de commentaires, et surtout d'inviter les utilisateurs vers une plus grande interaction.

Comment gagner un revenu en étant un influenceur de jeux vidéo ?

Capitaliser sur vos connaissances en matière de jeux est une réalité, notamment en raison de la puissance de l'ère numérique et de son impact sur tous les domaines. Être un joueur peut être la meilleure connaissance ou le meilleur investissement pour obtenir un haut niveau d'attention de la part du public qui s'intéresse à ce média.

Un joueur de haut niveau et la combinaison des plates-formes numériques, deviennent une source de revenus intéressante qui peut changer votre vie, parce que grâce à vos compétences sur un titre ou un jeu est que vous serez transformé en un large point d'attraction, qui est la principale exigence que vous devez considérer pour commencer.

C'est une grande illusion de générer des revenus en faisant ce que vous aimez le plus ; jouer, où vous n'aurez qu'à partager vos compétences avec le monde pour vous positionner à un grand niveau, pour émerger avec style, vous devez connaître la manière idéale d'être un bon influenceur et ne pas échouer dans cette aventure, car c'est une grande option que le monde numérique offre.

La première chose à considérer est qu'un grand joueur est formé par le nombre de fois qu'il ou elle continue le jeu, c'est-à-dire qu'au lieu de rester avec le "Game Over", il y a plus de persistance pour en apprendre plus sur le jeu et trouver sa propre façon de surmonter les défis, c'est la touche qui acquiert ou donne vie à un influenceur.

Si vous pouvez accomplir la tâche ci-dessus ou vous définir comme un joueur, ce sera la première étape et une garantie de pouvoir réussir sur ce média, plus le charme de creuser pour les mises à jour, les astuces et le développement de votre propre stratégie, c'est un grand avantage pour vous présenter au monde et vous définir comme un influenceur.

Tant que vous pouvez diffuser des résultats accrocheurs sur un jeu, vous allez maintenir un niveau d'attention élevé sur un jeu, de cette façon, n'importe qui peut s'inspirer et avoir des réponses à ses questions juste en vous regardant, plus la dynamique d'être un influenceur, vous devez arriver au point de gagner de l'argent en jouant, vous devez tirer le meilleur de chaque astuce pour réussir.

En étant conscient de ce qu'implique cette activité et en ayant l'engagement d'être un influenceur, vous pouvez faire partie d'une grande aventure qui peut même vous fournir un grand style de vie, donc vous devriez commencer par les recommandations suivantes :

Définir la manière

Si vous voulez être un influenceur sur le monde du gaming, avant de vous lancer dans cette dédicace, vous devez prendre en compte que c'est un média sur lequel il y a une forte concurrence, tout le monde veut gagner de l'argent en jouant et en diffusant du contenu de qualité, il faut donc définir le chemin pour ne pas perdre de vue vos buts ou objectifs sur ce média.

Il faut également avoir la patience d'avancer pas à pas dans la construction de son rôle d'influenceur, pour cela des objectifs à court, moyen et long terme sont fixés, afin qu'au fil des jours on puisse grimper vers l'obtention de revenus réels, bien qu'il ne faille pas perdre de vue la réalité.

Partir de rien, créer un moyen de revenu entier à travers les jeux est un voyage qui demande des efforts et un investissement en temps, en un jour vous ne serez pas un influenceur, donc beaucoup abandonnent et pensent que ce n'est pas un moyen rentable, mais il s'agit d'être cohérent pour émettre initialement un grand développement sur la plate-forme et ensuite monétiser.

Choisissez un jeu pour jouer

Deuxièmement, un point clé est un jeu, c'est le thème principal pour être un influenceur, mais dans cette décision vous devez maintenir un grand attachement à vos goûts et à vos compétences, car au lieu d'opter pour une alternative en ligne populaire, c'est une grande erreur d'opter pour un jeu que vous n'aimez pas et sur lequel vous ne vous démarquez pas.

Par conséquent, par exemple, si vous ne connaissez pas ou ne maîtrisez pas un jeu populaire comme Counter Strike, vous ne devriez pas participer à ce jeu, quelle que soit l'attraction qu'il génère, l'important est de se démarquer personnellement, car ce n'est que si vous l'aimez ou si vous décidez de commencer avec un grand dévouement que vous pourrez générer une grande somme d'argent.

Bien que la différence entre un chemin et l'autre est que lorsque vous aimez le jeu ou avez de l'expérience avec lui, le chemin pour devenir un influenceur est plus court et plus rapide, sinon vous devez vous préparer à un voyage frustrant, pour gagner de l'argent en jouant aux jeux vidéo investissez des heures sur le jeu qui vous convient le mieux.

Parier sur les nouveaux jeux

Une autre alternative que vous pouvez utiliser pour décoller et devenir un influenceur est de profiter de la notoriété ou de la popularité des jeux qui viennent de sortir sur le marché, en essayant ces jeux vous pouvez profiter du buzz des médias sociaux pour booster votre présentation en tant que joueur à fort impact sur les médias sociaux.

En développant une foule de compétences et d'astuces sur un nouveau jeu, vous avez également le pouvoir d'exposer un contenu créatif et beaucoup plus original que les autres jeux qui sont actuellement surexploités, l'idéal de cette forme d'entrepreneuriat est que vous deveniez un expert sur un nouveau sujet et que cela fasse sensation.

Utilisez des plateformes telles que Twitch

Dans le monde des joueurs, il existe de nombreuses alternatives pour réussir sur les différentes plateformes sociales, dans ce monde l'importance et les fonctions de Twitch ne peuvent pas être négligées, ce portail est une occasion d'entreprendre au sein de la transmission par streaming, où des millions de joueurs partagent des contenus et des tutoriels avec le monde.

Ce type de plateforme aide à construire une audience qui fonctionne comme la base principale pour qu'un influenceur se développe de manière exponentielle, sans oublier qu'il s'agit également d'une plateforme pour générer des revenus, à condition d'atteindre un certain nombre de followers et de remplir les conditions.

Une fois que vous pouvez passer à l'échelle supérieure pour devenir un partenaire, vous pouvez avoir 25 % des recettes des ventes grâce aux publicités qui peuvent être mises en place sur une vidéo, sans oublier qu'il s'agit d'un réseau social qui est ouvert aux dons, de sorte que la constitution d'une grande base de fans est doublement bénéfique et constitue le créneau dont vous avez besoin.

Pensez aux jeux en ligne

Dans votre quête pour devenir un influenceur gamer de premier plan, vous pouvez oser prendre l'alternative plus risquée de vous lancer dans le monde des gamers sous le défi des jeux en ligne, jusqu'à placer des paris en ligne sur des jeux de hasard qui peuvent émettre beaucoup d'excitation pour les spectateurs.

Une avenue comme celle-ci devient une grande opportunité pour générer des revenus, et de cette façon vous gagnerez plus de reconnaissance au sein de la communauté numérique, c'est une pratique à considérer afin de gagner un nom pour vous-même et surtout l'admiration des fans sur votre façon de jouer.

Plusieurs plateformes en ligne utilisent ce type de développement et permettent l'accès à la réception de dons, ainsi lorsque vous parvenez à éveiller une énorme attraction vous pourrez multiplier les chiffres de revenus de manière importante, tout dépend de ce que vous êtes capable de diffuser.

Vendre des comptes développés

Tant que vous vous consacrez à un jeu et que votre progression dans le jeu est à un niveau élevé, vous pouvez créer un compte avancé, ce type de compte devient un désir pour de nombreuses personnes qui ne veulent pas commencer à partir de zéro, vous avez donc cette opportunité de le commercialiser et de gagner de l'argent grâce à vos qualités.

Mais, vous pouvez non seulement vendre le compte, mais aussi l'équipement pour les jeux, cela est devenu l'objectif de nombreux groupes d'influenceurs qui sont dédiés à jouer en équipe pour avoir plus d'outils de jeu, surtout parce que les débutants veulent commencer avec plus de capacité et un équipement est la solution.

Bien qu'il s'agisse d'une option qui, pour beaucoup, représente une petite somme d'argent, mais il s'agit de connaître de plus en plus les alternatives de monétisation présentes dans le monde du jeu, qui est devenu un scénario prometteur, vous pouvez réaliser votre rêve d'être un grand joueur et couvrir certaines obligations en le faisant.

Les meilleurs conseils pour devenir un influenceur de jeux vidéo

La similitude entre les actions d'un joueur et d'un influenceur, ont fusionné pour activer un scénario de grande opportunité pour générer des revenus, depuis les 10 dernières années pour réaliser matérialiser votre effort vers des chiffres d'argent est une réalité, il est donc une activité très attrayante pour plus d'utilisateurs.

Il existe de nombreux exemples clairs et réels de joueurs qui ont atteint des millions d'adeptes et généré des milliers de dollars par mois. C'est une possibilité à laquelle beaucoup ont accès grâce au pouvoir des plateformes numériques, mais aussi grâce aux fans du monde du jeu.

Pour être un influenceur en profitant de la tendance des jeux, il suffit de s'inspirer de chaque astuce qui sort, où vous pouvez utiliser les adeptes des réseaux sociaux comme Facebook pour présenter votre projet en grand, tant que vous pouvez obtenir un support par lequel vous pouvez obtenir plus de visiteurs, ce sera bénéfique pour vous.

À cette tâche s'est ajoutée l'alternative fournie par les marques, car ce sont elles qui sont réellement chargées de donner vie à la figure des influenceurs au sein de ce média ludique, et les marques de jeux vidéo en ont également profité, il y a un haut niveau de recrutement ou d'embauche qui démontre la diversité des moyens de monétisation.

Aujourd'hui, la plateforme idéale pour présenter votre carrière de joueur est Twitch, notamment en raison de la liberté dont vous disposez pour réaliser des diffusions en direct, afin d'enthousiasmer tous les fans de jeux vidéo. Il s'agit d'une autre niche précieuse pour rejoindre et travailler avec de nombreuses marques mondiales liées à ce domaine.

Mais pour entrer en contact avec une somme importante de revenus avec le travail d'un gamer, vous devriez viser à atteindre le montant de 10.000 followers, en plus de prendre soin de votre niveau de jouabilité, sans négliger le traitement envers le public, c'est ce qui construit un impact positif de "l'engagement", pour utiliser ou jouer les concepts suivants :

Abonnements

La principale formule de monétisation au sein du monde numérique est l'attraction de l'audience, cela fait que le soutien des followers vous amène à une meilleure position en tant qu'influenceur, à rencontrer une performance de qualité qui se traduit par la réception d'accords avec de nombreuses marques de jeux vidéo et la réalisation de nombreuses dynamiques.

Pour soigner votre présentation aux utilisateurs, vous devez proposer des contenus spéciaux, diffuser des flux exclusifs et hiérarchiser votre audience. Il est également important de créer des contenus téléchargeables, afin qu'ils puissent être partagés avec des utilisateurs plus proches de votre image.

Entretenir les relations avec YouTube, Twitch, Patreon et Mixer.

Le système de ces réseaux sociaux représente une niche de grande valeur pour vos objectifs, surtout parce qu'ils ont une option pour faire des abonnements et imposer des frais mensuels, ceux-ci vont de 1 à 5 USD, il y a des exemples clairs de streamers qui ont réussi à gagner jusqu'à 500.000 USD grâce aux abonnements.

Dons

Les abonnements ne doivent pas être confondus avec les dons, car ces contributions peuvent être reçues via des plateformes telles que Twitch et YouTube, elles sont automatiquement acheminées vers PayPal ou une carte de crédit, elles sont reçues en fonction de la dynamique de votre contenu et vous devez y répondre par un traitement privilégié.

Monétisation avec Twitch

Sur Twitch il y a une possibilité claire d'atteindre la monétisation très rapidement, vous devez compter au moins 100 abonnés et garder constamment 5 visiteurs sur chaque stream, tandis qu'en tant que partenaire vous avez besoin d'au moins 70 visiteurs par stream et atteindre 2000 followers, de cette façon vous compterez sur les abonnements.

Chacun de ces concepts peut être réalisé avec beaucoup de persévérance, le chemin en tant qu'influenceur est de la pure créativité, mais surtout du sentiment d'être attaché au jeu auquel vous vous consacrez, surtout parce que le thème du jeu a plus de sens dans toutes sortes de plateformes et que vous pouvez y gagner en présence.

Jeux pour gagner de l'argent en tant qu'influenceur

Une fois que vous avez maîtrisé certains sujets ou actions qui mènent au succès en tant qu'influenceur, la prochaine chose à prendre en compte sont les jeux qui sont à la mode, afin que vous soyez conscient du niveau des opportunités que vous avez lorsque vous cherchez à être un influenceur avec vos connaissances, les utilisateurs suivent de près les jeux suivants :

League of Legends

Il s'agit d'un jeu de rôle en ligne très populaire, et un grand nombre d'influenceurs se sont formés à la suite de ses batailles, mais en termes de revenus, ce type de jeu génère un vide pour cela en tenant des tournois hebdomadaires qui sont organisés par un large éventail d'entreprises qui paient et récompensent les participants.

Si vous êtes dévoué à ce jeu, vous pouvez faire partie de ces équipes et gagner de l'argent, et même gagner l'adhésion d'un grand nombre d'utilisateurs, de sorte que lorsque d'autres jeux sont gagnés, vous pouvez être un influenceur total avec des alliances sur diverses équipes dans ce monde.

GoldenTowns

Au milieu des jeux traditionnels pour être une tendance, GoldenTowns se distingue, étant un moyen idéal pour sortir de la routine, où la dynamique est établie sur la construction d'une société, avec ce concept vous pouvez devenir un influenceur de premier niveau sans tant de complication.

Cette plateforme vous permet également de générer des revenus, surtout lorsque vous atteignez une bonne quantité d'argent numérique que vous pouvez changer en argent réel, bien que la langue ait été un obstacle sur ce jeu, il est entièrement en anglais, si vous y avez déjà joué vous ne pouvez pas négliger cette alternative pour générer des revenus.

Exodus3000

Il s'agit d'un jeu multijoueur basé sur des stratégies de construction, son offre a été l'une des plus populaires en ligne, car sa dynamique est basée sur la vie des humains sur Mars, avant que ce scénario commence à déployer un grand divertissement pendant de longues heures jusqu'à ce qu'il devienne une véritable tendance dans les jeux vidéo.

Au milieu de ces heures de jeux, vous pouvez gagner des dollars martiens, car vous collectez un certain montant afin que le changement puisse être fait en dollars réels, donc avec ces récompenses vous êtes remplis de motivation pour avoir un grand temps d'aventure, après chaque exploration vous avez la possibilité de générer des revenus.

SecondLife

Les jeux, quel que soit leur âge en termes de développement, sont toujours une option pour devenir un influenceur, donc si vous aimez ce jeu, vous ne pouvez pas attendre plus longtemps, bien que vous devez être prêt à investir, parce que pour gagner des revenus est à travers LinderDollars et certains transferts doivent être effectués.

Runescape

Dans le cadre des jeux de rôle, il s'agit d'une option diversifiée qui vous permet d'effectuer un large éventail d'activités, du combat à l'accomplissement de quêtes, car il s'agit d'une large offre de fonctionnalités étonnantes pour chercher à collecter une quantité importante d'or afin de pouvoir gagner de vrais dollars.

En maîtrisant chacun de ces jeux, vous pouvez concevoir toute une stratégie pour vous démarquer dans le monde des joueurs, cet environnement ne semble pas changer mais progresser, il est donc important que vous puissiez profiter de ce domaine pour trouver une autre source de revenus qui changera votre vie, en faisant ce que vous aimez le plus.

Bien que, comme on l'a répété, la première étape ou valeur est d'avoir de la patience, avec la hâte on ne devient pas un influenceur, et avec chaque chute ou action qui ne donne pas de résultats il y a toujours des possibilités de continuer avec le projet, tant que vous allez prudemment vous pouvez transformer un événement frustrant dans une occasion d'être un professionnel.

Le pouvoir de Fortnite sur le marché des joueurs

Au milieu des jeux les plus demandés pour générer des revenus, il ne fait aucun doute que Fortnite se distingue par le niveau de tendance qu'il a provoqué dans le monde entier, sa communauté est en plein décollage, c'est donc un point de grande pertinence d'avoir une approche avec ce jeu vidéo.

Si Fortnite n'est pas votre truc, vous pouvez au moins vous lancer dans ce monde du jeu en partageant quelques nouvelles, et sans négliger le fait que plus vous en savez sur le marché des joueurs, plus vous serez en mesure de prendre de bonnes décisions, vous pouvez prendre comme référence son tournoi mondial, qui est devenu l'un des événements les plus acclamés.

Un jeu de ce niveau génère à lui seul une importante somme d'argent. En étudiant ce genre de tendance, vous pouvez la prendre au sérieux, car il s'agit d'un phénomène de jeu qui suscite tellement d'attention, au point d'être comparé aux sports courants, qu'il est très motivant de connaître cette alternative.

La confirmation qu'être joueur génère de bons revenus se vérifie avec un jeu comme Fortnite, si vous êtes curieux, commencez par savoir que son tournoi génère 3 millions de dollars, un chiffre qui se démarque des autres secteurs, c'est surprenant l'impact des jeux vidéo et des options de monétisation.

Le moyen de multiplier les profits avec ce jeu est la création de contenu, et la meilleure chose est que vous n'avez pas besoin d'être un joueur imbattable, mais plutôt de viser un niveau de divertissement plus élevé, afin que le public puisse se connecter avec vous.

La popularisation d'une façon de jouer à Fortnite est également un point fort, au point que vous commencez à générer de l'argent après avoir vaincu chaque ennemi, surtout si vous vous lancez dans un défi, ce type de contenu est monétisé à la fois sur YouTube et Twitch, alors que c'est un jeu qui a des promoteurs en jeu,

En gagnant, vous pouvez obtenir une grande étincelle ou une énergie compétitive qui vous met dans l'une des meilleures places parmi les utilisateurs, où vous devez faire tout votre possible pour maximiser l'adrénaline de la survie, c'est-à-dire la mécanique que vous devez démontrer sur les vidéos que vous faites, en plus de participer à des victoires qui paient à partir de 5 $.

Comment devenir un influenceur avec Fortnite ?

Grâce à la popularité même de Fortnite, il n'est pas nécessaire d'avoir des millions de followers, mais avec des compétences exceptionnelles, vous pouvez susciter l'intérêt d'une marque et obtenir une monétisation, notamment avec le mode joueur pro de Fortnite, l'essentiel étant de se tenir au courant des entreprises locales pour pouvoir profiter des promotions.

Comme vous pouvez vous impliquer dans tout ce qui est lié au jeu, vous pouvez vous impliquer dans des boutiques de vêtements, des distributeurs de matériel informatique, des produits dérivés pour joueurs, etc. Tant que vous pouvez montrer votre notoriété dans un jeu, vous pouvez être considéré comme une figure de proue pour entrer dans le jeu.

À long terme, la mesure suivante peut être développée comme une méthode pour générer des revenus :

Commercialisez vos peaux

Dans Fortnite il y a des skins nécessaires pour qu'un personnage prenne son envol, donc en gagnant une bonne quantité de ces objets vous pouvez les vendre sans problèmes, cela permet aux utilisateurs d'économiser beaucoup d'heures pour monter à un niveau supérieur, bien qu'il y ait des objets temporaires qui sont vendus comme un accessoire rare.

Il y a eu des preuves de ventes réelles où sur Ebay les skins ont atteint une valeur de 2000 dollars, donc ce jeu a de nombreuses alternatives pour générer de l'argent, avec vos compétences vous pouvez aller très loin, vous avez juste besoin de cette ambition de vouloir avoir un compte de premier niveau, et ensuite l'utiliser comme un moyen de générer des revenus.

La figure d'un youtuber de jeux vidéo à succès

La figure d'un yotutuber est devenue un moyen idéal pour générer des revenus, de plus en plus d'activités peuvent être développées sur ce réseau social, et les jeux vidéo font également partie de cette plateforme, c'est un bon endroit pour vous consacrer et montrer vos compétences, vous cherchez à diffuser du contenu de grand plaisir.

Au sein de YouTube, il est essentiel de rechercher et de renforcer une connexion directe avec le public, qu'il s'agisse d'un réseau social pour le divertissement visuel ou pour résoudre une difficulté sur un jeu, ce sont les actions que vous devez respecter pour produire les effets attendus sur la conformation de votre public.

Faire en sorte qu'une chaîne se distingue des autres est devenu une grande mission, surtout pour monétiser comme l'ont fait des chaînes populaires telles que Vegetta777, RevenantLOL, entre autres. Ces exemples peuvent vous inspirer pour visualiser jusqu'où vous pouvez aller avec la bonne approche.

L'état d'esprit d'un influenceur gamer

La compétitivité dans le monde du jeu augmente, mais en même temps il y a de grandes opportunités telles que les prix et les tournois pour se hisser au rang de grand joueur et opter pour des mesures de monétisation, mais pour réaliser ces deux missions il faut consacrer environ 14 heures par jour pour progresser dans le jeu.

La chose la plus précieuse est que vous avez des millions de téléspectateurs que vous pouvez satisfaire avec un bon contenu, ainsi avec vos mouvements ou actions vous pouvez gagner leur intérêt complètement, dans plusieurs pays être un joueur est venu à être considéré comme un e-sport, et le succès est mesuré après les jeux et le niveau du compte.

Dans les jeux populaires tels que LoL, DotA 2, Counter Strike ou FIFA, un grand nombre de défis ont lieu et attirent le monde entier, car un haut niveau de tension est évident après chaque match. Ces dynamiques ont donc été complètement régulées pour être un must pour de nombreux spectateurs.

L'essence du monde en ligne est une arène infinie de possibilités pour s'établir en tant qu'influenceur. Chaque compétition minimale pouvant générer jusqu'à 10 millions de dollars de prix à elle seule, ces célébrations en temps réel suscitent beaucoup d'émotions, surtout lorsque vous maîtrisez les forces et les faiblesses des personnages.

C'est une exigence pour un joueur d'être organisé pour être un influenceur, car quand on passe de nombreuses heures sur un jeu, on peut perdre l'approche publicitaire pour se présenter au monde, il faut imposer deux tactiques, une pour le jeu, et d'autres pour les médias sociaux, le début de cette aventure peut être facilement marqué par la mise en place de plannings.

Pour qu'un hobby devienne un mode de vie, l'essentiel est l'engagement, car les grands joueurs confirment qu'ils n'imaginent pas avoir atteint un haut niveau de popularité, celle-ci commence à se former en rassemblant un grand nombre de spectateurs, jusqu'à émettre une image distinguée.

De nombreux joueurs ont joué pendant environ 4 ans ou plus pour se constituer un compte avancé. Il est donc essentiel de se fixer des objectifs afin de ne pas se contenter de jouer sans réfléchir, mais de partager ses compétences avec le monde entier et, ce faisant, de gagner de l'argent.

Au début, il y avait une communauté de joueurs qui était beaucoup plus facile à surmonter, c'est-à-dire qu'on y jouait plus comme un hobby, mais maintenant cela se traduit par une lutte de niveaux où il y a des utilisateurs de haut niveau de toutes sortes, bien qu'il n'y ait rien qui ne puisse être atteint, pour être un pro il faut avoir un équipement que l'on peut collectionner progressivement :

Il dispose d'une chaise ergonomique pour jouer avec une plus grande tranquillité d'esprit, le support sur le dos est utile pour que vous puissiez passer des heures à jouer sans complications.

Priorité à l'acquisition d'un clavier mécanique, pour chaque joueur les contrôles sont une étape vitale, à condition de s'équiper de la dernière technologie pour répondre à chaque jeu avec des performances de premier ordre.

Utilisez des accessoires à grande vitesse, achetez des articles tels qu'une souris afin de pouvoir configurer chaque bouton et activer chaque fonction du jeu en quelques secondes.

Utilisez un écran qui génère du confort, il est recommandé qu'il soit de 21-23 pouces, lorsque vous devenez populaire vous pouvez investir dans cette ressource afin que vous puissiez prendre soin de votre vue et qu'il ait une vitesse de 144 hz.

Améliorez l'expérience avec des casques qui vous permettent de réagir à chaque événement du jeu.

Carte graphique avec au moins 2 Go de RAM dédiée à ce type d'utilisation.

Un disque dur solide qui ne vous pose aucun problème pour faire fonctionner le jeu.

Mémoire RAM d'au moins 8 Go minimum.

Processeur i7 multi-core.

Une connexion internet stable qui n'interrompt pas les jours de match.

Réunir une équipe d'amis pour jouer à des jeux vidéo est une solution pour devenir un influenceur de premier plan, car vous pouvez vous réunir pour discuter des tactiques et cela fonctionne comme un entraînement personnel.

S'engager dans les jeux vidéo comme une forme d'entreprise

Le potentiel qui existe dans l'industrie du jeu vidéo peut être exploité par tous les types de joueurs, il suffit de prendre des mesures fermes avant le monde, pour cela vous devez former une carrière en tant qu'influenceur, surtout pour profiter du niveau élevé de téléspectateurs qui fournit ce domaine.

Les jeux vidéo sont considérés comme un scénario qui génère jusqu'à 500 millions de dollars par an, il s'agit donc d'une grande opportunité qui offre des conditions optimales pour se développer, la cible de ce média est représentée par les personnes âgées de 15 à 30 ans, et la consommation de ce type de contenu est élevée.

Le niveau d'investissement et de participation des millennials est l'ingrédient principal pour vous convaincre d'être un acteur populaire sur ce média, tant que vous devenez un acteur professionnel et que vous passez à l'échelle supérieure, vous pouvez avoir accès à de nombreuses opportunités pour générer des revenus.

Les salaires en Europe se situent entre 1500 et 5000 euros par mois, sans compter le type de revenus qu'un joueur tire de la publicité qui peut être associée à la diffusion de chaque match sur Internet. La tendance au streaming ouvre la porte au développement de nombreuses techniques et à la gestion d'actions avec différentes marques.

Un joueur a besoin d'une marque derrière ses actions, mais pour arriver à ce niveau, votre base de fans compte, dans ce média, jusqu'à 40% d'amateurs, et un nombre élevé de téléspectateurs, étant une clé considérable au sein du business qui s'établit sur les plateformes de streaming dédiées aux jeux vidéo.

En ce sens, chacune des fonctions de Twitch est d'une grande valeur, où l'on trouve la possibilité élevée d'obtenir des revenus publicitaires, tout cela grâce à l'engagement de monétiser l'image du joueur pour chaque réseau social, au milieu de la connexion des téléspectateurs vous avez la liberté de diffuser le meilleur de vos compétences.

Bien que pour gagner sa vie dans ce domaine, il faille fournir beaucoup de travail, afin d'atteindre un haut niveau de dévouement, il faut s'imposer son propre niveau d'exigence afin de pouvoir évoluer dans son jeu, d'ailleurs, de nos jours, il existe différents entraîneurs pour chaque jeu afin d'augmenter son instinct.

Les conditions requises pour devenir un youtuber de jeux vidéo

Pour devenir un youtuber de premier plan, vous devez remplir les conditions suivantes afin de faire partie du monde des jeux vidéo qui rapporte de plus en plus de dividendes :

La chose la plus fondamentale est que vous aimiez jouer, car si vous ne le faites que pour générer de l'argent, cela vous semblera un processus lent, mais lorsque vous gagnez de l'argent pour ce que vous aimez, cela devient une activité facile et agréable.

Deuxièmement, il y a l'obligation de créer une chaîne YouTube accrocheuse et compatible avec le type de jeu auquel vous jouez, il est important de consacrer du temps et des investissements pour créer une grande présentation au public afin de devenir un influenceur en peu de temps.

L'équipement d'enregistrement ne peut pas non plus être négligé, car il est essentiel de diffuser une bonne image du jeu, mais aussi de vous. La qualité de la caméra que vous possédez ainsi que le logiciel d'enregistrement deviennent donc vos principaux alliés quotidiens pour construire un contenu exceptionnel.

Après les outils, vous devez couvrir la question de la communication avec le public, donc soigner l'aspect micro, et les dialogues qui sont présentés, deviennent un grand élément ou une motivation pour que vous receviez un plus grand nombre de vues et qu'ils soient au courant de vos publications.

Le dernier point, mais non le moindre, est la démonstration de vos compétences sur le jeu vidéo donné, à la suite des jeux, vous pouvez créer beaucoup d'intérêt pour votre chaîne et construire votre carrière en tant qu'influenceur.

Ces exigences sont basiques et ne sont pas complexes lorsque l'on se connecte vraiment au monde du jeu. Au début, vous pouvez compter sur des ressources de base pour assurer la fréquence de publication, et au fur et à mesure que vous progressez, vous pouvez investir dans plus d'équipements afin que la qualité soit garantie.

Vous ne pouvez pas renoncer à vos projets d'influenceur pour des questions de budget, sans parler du fait que c'est un dévouement compliqué. D'autre part, il y a la question du choix du jeu comme mentionné ci-dessus, mais si vous aimez les jeux payants, vous pouvez commencer par une version gratuite pour gagner un public.

Dans chaque région du monde il y a une tendance différente pour chaque jeu, ces considérations s'ajoutent à un point de départ pour être un influenceur réussi, surtout pour penser à participer à des tournois ou à faire des alliances avec d'autres youtubers populaires que vous pouvez défier et au milieu du jeu vous pouvez vous présenter de manière importante.

Découvrez comment créer une chaîne YouTube de jeux vidéo à succès.

Une fois que vous avez décidé de profiter des fonctionnalités de YouTube pour gagner des abonnés avec vos talents de gamer, vous ne pouvez pas ignorer la création de la chaîne, car, à partir du choix du nom de la chaîne et de vous-même, puisque c'est à travers ce nom que l'on se souviendra de vous, le meilleur conseil est d'essayer de le rendre facile à écrire et aussi à retenir.

Bien que si un autre youtuber porte le même nom, vous devriez abandonner cette idée, le plus important est qu'il s'agisse d'un projet totalement créatif et original, de cette façon vous partirez du bon pied, vous devez juste suivre ces considérations :

Concevoir un logo et un thème entier, vous devez prendre en compte la façon dont vous voulez qu'on se souvienne de vous, donc après ces détails vous pouvez vous identifier aux utilisateurs de la façon que vous voulez, vous pouvez opter pour l'aide d'un designer ou utiliser des outils gratuits pour personnaliser votre essence sur YouTube.

Complétez chaque information sur YouTube, les informations que vous partagez avec le public sont un lien que vous devez conserver, ce que vous êtes ou avez l'intention de devenir peut être capturé sur ces paramètres ou exigences, où vous pouvez publier le jeu et gagner l'attrait du public au fur et à mesure que vous téléchargez des vidéos.

Mettez en avant les **chaînes vedettes**, présentez les chaînes de vos amis ou les alliances que vous faites avec d'autres youtubers, pour en faire un moyen de collaboration, cela peut aussi être une impulsion pour présenter une deuxième chaîne que vous possédez, c'est un tremplin à ne pas manquer.

Privilégiez l'attention pour les liens, dans l'en-tête du canal vous avez la fonction de diffuser des liens, de cette façon vous pouvez diffuser du trafic ou diriger le public vers vos autres réseaux sociaux, le sujet du premier lien est un choix important car vous avez la liberté de partager un petit texte comme description.

Soignez les titres des vidéos, après les titres vous devez continuer à capter l'attention des utilisateurs, en cherchant surtout à être compatible avec la recherche qu'ils effectuent au sein de YouTube, une autre mesure essentielle est de concevoir une phrase courte mais descriptive comme clé pour attirer le trafic vers votre vidéo.

Créez une bonne description des vidéos, en développant l'information derrière une vidéo fait partie de la description, c'est une anticipation pour avoir le contact avec ce que la vidéo offre, après ces données peuvent faciliter qu'ils peuvent vous trouver plus rapidement et facilement.

Publiez des vidéos liées à votre sujet, la présence sur YouTube peut être maintenue en étant constante, vous pouvez donc partager du contenu qui a un rapport avec le jeu auquel vous jouez, de cette façon vous obtiendrez plus de vues sur la chaîne et donc sur vos vidéos.

Générer une présence sur vos réseaux sociaux, en consacrant de l'attention à vos médias sociaux vous pouvez confirmer votre image d'influenceur, chacun d'entre eux est une réelle opportunité de créer de l'intérêt.

Créez des liens ou des collaborations, vous devez avoir des utilisateurs qui vous apportent de la valeur, de cette façon votre chaîne s'échelonnera vers une plus grande pertinence, c'est une aide mutuelle pour construire une croissance potentielle avec l'aide d'autres youtubers.

Recherchez le parrainage, YouTube est une excellente occasion d'établir diverses méthodes de parrainage, derrière votre contenu vous pouvez mettre en œuvre toute une gamme de techniques de marketing, étant une excellente niche à monétiser dans le style avec les affiliés Amazon ou les entreprises de jeux vidéo.

Chacune de ces tâches a un but précis pour que votre chaîne prenne de l'ampleur, tant que vous pouvez consacrer de l'attention à chaque point, vous commencerez à remarquer des résultats plus rapidement, dans les petits détails de YouTube se trouve le moyen de devenir un grand influenceur et d'exposer votre capacité en tant que joueur.

Création de contenu recommandée pour devenir un influenceur

La qualité derrière chaque contenu est une exigence de base, c'est le point de départ pour que vous soyez vraiment un influenceur à la fois sur YouTube et Twitch, les recommandations que vous pouvez mettre en place dans n'importe quel réseau social pour ne pas manquer l'opportunité de monétiser avec vos compétences.

Il ne faut pas négliger le fait que le monde numérique est compliqué au début, surtout quand on cherche à gagner en popularité et que la concurrence est forte, pour peu que l'on ait l'expérience d'un jeu, la connaissance des réseaux sociaux s'acquiert progressivement, il n'y a pas d'urgence et ce n'est pas aussi inaccessible qu'on le pense.

La principale chose à surmonter est de laisser de côté les limitations qui peuvent survenir lors de l'édition de la vidéo, et aussi le choix de la vignette, étant un symbole qui sert de première impression pour chaque utilisateur, mais ce sont des détails qui peuvent être résolus très facilement, il s'agit de s'en occuper.

Acquérir des connaissances sur la croissance en tant qu'influenceur dans le monde du jeu est simple, les bases sont que vous pouvez apprendre à faire face à de nombreuses situations et les surmonter et vous améliorer jusqu'à ce que vous arriviez au niveau que vous espérez atteindre où vous pouvez générer des revenus de l'occupation de votre contenu sur YouTube.

Pour créer et capturer du contenu de qualité sur les jeux vidéo sur ces réseaux sociaux, vous devez mettre en œuvre ces actions pour vous développer plus efficacement :

Organisez votre contenu, vous pouvez créer un calendrier qui vous permet d'être cohérent sur vos médias sociaux, ce qui vous permet de continuer à développer plus de compétences dans votre jeu, et de ne pas négliger vos médias sociaux en tant que connexion avec le public qui vous désignera comme un influenceur.

Renouvelez et réalisez des actions flashy, au sein des réseaux sociaux il n'y a pas de meilleur symbole que la publication de nouvelles, tant que vous pouvez présenter le meilleur côté derrière un jeu vous pouvez facilement vous conformer à cette mesure, plus le résultat final est d'obtenir beaucoup de public attaché à votre contenu.

Renforcez le thème de votre chaîne, il est important de maintenir le même style qui vous identifie en tant que joueur, donc la chose fondamentale est de ne pas négliger le thème qui est présent sur votre chaîne, vous ne pouvez pas changer pour un autre style car cela ne fait que provoquer une grande diminution sur les vues des utilisateurs.

Créez un contenu énergique et contagieux, il n'y a pas de meilleur cadeau pour vos téléspectateurs que de diffuser et de provoquer beaucoup d'émotions, donc lorsque vous diffu-sez un jeu, vous devez vous connecter au maximum, afin qu'après ce développement vous puissiez laisser un grand sentiment de revisiter vos vidéos.

Mettez l'interaction en premier, le public apprécie avant tout la connexion du youtuber avec ses commentaires, vous devez donc également consacrer du temps pour répondre, en plus de la créativité que vous pouvez avoir pour créer des défis, des sondages ou toute autre activité qui éveille la par-ticipation des utilisateurs.

Progrès après chaque publication, au fil du temps il est cru-cial que vous puissiez vous améliorer, pour cette raison l'amélioration est une nécessité pour vous de mettre l'édition et les vignettes en premier, plus le son et les images, car tous les utilisateurs apprécient l'augmentation de la qualité.

Ne pas perdre la cohérence, sur une base hebdomadaire ou mensuelle, il est nécessaire d'émettre une organisation afin de ne pas perdre la place au sein des réseaux sociaux, cela fait que les followers ne peuvent pas oublier votre contenu, il est essentiel de cultiver ce lien avec le public afin de ne pas perdre votre identité en tant qu'influenceur.

Étudiez votre contenu, vous devez faire l'effort d'analyser votre contenu en profondeur, surtout s'en tenir à celui qui a le plus grand nombre de visites pour suivre de près le modèle que vous avez suivi, en faisant une autocritique vous pouvez tirer des conclusions importantes pour continuer sur cette voie dans la création de vidéo.

Une fois que vous pouvez suivre et vous engager à chacun de ces conseils, vous serez en mesure de publier le meilleur contenu possible, comme vous pouvez le voir, c'est beaucoup de travail et de dévouement, c'est facile, mais vous devez être attentif à chaque aspect pour réussir et gagner votre vie en tant qu'influenceur de jeux.

Les conseils à connaître pour devenir un influenceur de jeux vidéo

À partir d'informations de qualité et de conseils utiles sur le monde du jeu, vous pouvez vous imposer comme un influenceur de premier plan, et ces mesures sont la clé dont vous avez besoin :

La **qualité avant tout**, la visibilité et l'expansion sur tous les réseaux sociaux est l'objectif de chaque influenceur, pour cette raison la meilleure réponse est de publier du contenu fréquemment, mais en étant constant vous ne pouvez pas laisser la qualité de côté, car c'est une variable que vous ne pouvez pas négocier.

Ne négligez pas vos plateformes, chaque canal numérique est une fenêtre pour vous présenter au monde comme un joueur de qualité, donc lorsque vous abandonnez la publication vous ne faites que donner une mauvaise image aux marques et aux followers, la réponse principale est de vous présenter comme un joueur engagé avec des nouvelles.

Choisir la niche parfaite, se soucier des idiomes est un moyen de défense pour que la popularité que vous avez atteinte ne s'effondre pas, la meilleure solution est d'étudier chacune des alternatives pour que vous puissiez vous faire sentir dans un réseau social que vous dominez et surtout qui est compatible avec votre jeu.

Il fournit une performance stable. Dans la diffusion en direct, il n'y a pas d'élément plus important à protéger que l'audio et la vidéo, ce sont les moyens de communication fondamentaux qui vous permettent d'avoir une connexion étroite avec votre public.

Acquérir plus de connaissances, au fur et à mesure que vous avancez dans le monde du jeu, il est toujours essentiel d'acquérir plus de compétences, tant dans la partie technique de la publication de contenu ou de la génération de trafic, que dans la pratique d'un jeu pour mettre en valeur toutes vos compétences et être un joueur beaucoup plus attractif.

C'est un privilège d'épuiser chaque étape, jusqu'à ce que vous puissiez vous présenter au monde en tant qu'influenceur, il s'agit d'une construction claire de votre propre image, plus l'audience que vous pouvez rassembler, plus vous pro-fiterez d'une grande arme pour être connu sur la tendance du jeu.

Savoir comment promouvoir votre contenu de jeu

Chaque type de départ mérite de l'attention, mais avec le temps les actions deviendront de plus en plus familières, c'est un chemin qui n'est pas compatible avec le désespoir, vous pouvez développer ces astuces petit à petit, ainsi vous pourrez compter sur de plus en plus de visites, tant que vous offrirez du divertissement et de la qualité, vous vous dévelo-pperez vraiment.

Bien que, lorsque vous avez terminé la création de votre compte, l'organisation du contenu, la prochaine chose à cou-vrir est la promotion de ce contenu pour obtenir un taux d'au-dience plus élevé, pour cela vous pouvez mettre en œuvre ces actions :

Partagez votre contenu sur chaque réseau social, vous pouvez tirer le meilleur parti de Facebook, Twitter, et tout au-tre, pour diffuser l'établissement de votre chaîne, où il est utile même de partager sur WhatsApp certains contenus diffusés afin que vos connaissances vous soutiennent avec des vues et gagner en pertinence.

Créez des collaborations avec d'autres chaînes, lorsque vous jouez, essayez de vous coordonner avec d'autres youtubers afin que plus d'utilisateurs puissent vous connaître complètement. Si l'autre compte a des followers, vous pouvez en profiter pour qu'ils commencent également à vous suivre et ainsi faire croître votre compte de manière importante.

Demandez des recommandations, une fois que vous êtes en mesure de concevoir du contenu de qualité, il y a de nombreuses possibilités pour que d'autres youtubeurs recommandent votre chaîne, ce genre d'aide peut être rémunéré ou par le biais de liens d'amitié afin que vous commenciez à avoir des recommandations qui vous mettront dans une meilleure position.

Optez pour des publicités payantes, sur les réseaux sociaux tels que YouTube, vous avez la possibilité de mettre en place des publicités, où chaque personne qui clique dessus va engendrer un coût pour vous, mais lorsqu'elle s'abonne à votre chaîne et s'y tient, vous pouvez générer les revenus que vous recherchez.

Concevez les titres et les descriptions en fonction des recherches, la principale méthode pour gagner du trafic passe par les recherches qui sont faites sur YouTube, pour cette raison les titres et les descriptions doivent être orientés vers cette dynamique, avec les millions de recherches vous avez tout un guide à choisir.

Ces alternatives pour promouvoir votre contenu gamer sont un bon précédent, vous pouvez étudier en profondeur chacune d'entre elles afin de mettre en œuvre celle qui génère le plus de résultats, derrière l'abondance de ces chemins ou options se trouve une opportunité claire de gagner des revenus en étant un influenceur sur le monde du jeu.

La formule pour attirer les marques et gagner des revenus en tant que joueur

La prise en compte des marques dans le monde du jeu devient de plus en plus évidente au fil du temps, mais ce n'est pas un moyen facile de générer des revenus, car les marques ne cherchent pas à donner des produits, mais plutôt à investir dans un type de publicité beaucoup plus naturel et à avoir votre public comme pont.

L'une des façons de devenir un influenceur dans l'environnement des jeux consiste à publier des critiques de produits, à faire constamment des posts et à créer des flux hautement interactifs où vous pouvez capter les mentions qui conviennent aux deux parties.

D'autre part, il y a la célébration de sweepstakes sur les produits de la marque associée, l'idéal d'un influenceur est d'être chargé à tout prix de diffuser les commentaires et les contenus de l'entreprise de jeux vidéo, puisque les deux ont en commun de chercher le meilleur pour le public des jeux vidéo, étant une communauté importante dans le monde.

Le côté attractif des jeux vidéo et du marketing est dû à la technologie, et pour d'autres types de marques, c'est aussi une grande obsession, comme cela a été le cas avec Coca Cola par exemple, dans cette dynamique, vous pouvez obtenir une monétisation de deux manières :

Argent

Les marques fournissent généralement un paiement mensuel clair pour fixer un plancher, en échange de la diffusion d'un message publicitaire qui leur est favorable, c'est un excellent résultat que vous pouvez obtenir comme vous en avez rêvé.

Produits

En guise de compensation pour la recommandation de leur produit, certaines marques peuvent vous garder une grande partie des produits à l'essai, afin que vous puissiez donner votre avis à leur sujet, ce qui vous permet de bénéficier d'une technologie de pointe ou de vendre ces articles.

Une fois que vous avez établi une relation étroite avec une marque, il vous suffit de continuer à la faire grandir pour qu'elle soit à l'aise avec le contenu que vous diffusez, de cette façon vous serez intéressant pour d'autres marques, et plus vous pourrez obtenir de réservations, plus vos revenus seront élevés.

Devenir un joueur influent sur Twitch

Aujourd'hui, un grand nombre de youtubers font également partie de Twitch, car les deux sont des réseaux sociaux puissants qui fonctionnent comme un moyen de diffuser des actions publicitaires, sur ces plateformes il y a de grandes marques qui cherchent à diffuser un parrainage, ce sont donc des scénarios idéaux pour gagner de l'argent.

Se développer sur Twitch, comme sur YouTube, demande du dévouement, mais la différence est que vous avez l'opportunité constante de vous mettre en valeur à travers un flux en direct, ce qui explique pourquoi cette plateforme est devenue l'une des meilleures à cet effet, où la plupart de la communauté est liée au divertissement.

L'expansion de Twitch en a fait un environnement idéal pour un influenceur, notamment pour mener des promotions et toutes sortes d'actions. Vous avez donc besoin de données réelles qui peuvent vous mener au sommet, car en tant qu'influenceur, vous devez démontrer votre engagement et votre passion pour le jeu.

Pour gagner l'attention des utilisateurs qui utilisent ce média, il est nécessaire de diffuser une transmission fluide et constante, pour cette raison vous pouvez diffuser votre contenu plusieurs fois par semaine, ainsi que rechercher un contenu de 2 ou 3 heures, pour cela vous pouvez concevoir des horaires qui vous conviennent, mais aussi à vos téléspectateurs.

Au-delà du planning, il est essentiel de prêter attention aux informations du profil, c'est une présentation en tant qu'influenceur que vous ne pouvez pas manquer, à cela s'ajoute le fait de se demander ce que veut votre public, c'est une question compliquée au départ, mais ce que vous pouvez faire, c'est vous concentrer sur ce que vous aimez et ce que vous savez faire.

Au lieu d'être freiné par les attentes du public, ce que vous pouvez contrôler, c'est ce que vous transmettez sur vous-même, c'est le but d'attirer les autres vers votre contenu, mais au milieu d'une chaîne, il est crucial de ne pas tomber dans les habitudes, afin de garder un œil sur la réaction du public à votre contenu.

Le plus grand avantage que vous pouvez fournir est une grande variété de connaissances et de nouvelles, de sorte que le public peut être défini par ce que vous faites, même si c'est un jeu avec peu de popularité, c'est à vous de remplir les émissions avec la vie, où vous pouvez aller à fond pour le charisme et obtenir tout le monde accroché.

Le type de personnalité d'un influenceur sur Twitch

En tant qu'influenceur, vous êtes redevable à votre public et surtout au type de personnalité que vous dégagez. Il est donc également essentiel de déterminer le type de personnage que vous allez présenter à vos followers afin de chercher à obtenir leur adhésion :

Se démarquer des autres joueurs, pour accomplir cette mission vous pouvez maintenir une approche innovante, tant que vous pouvez vous différencier des autres ce sera bénéfique pour vous, il existe de nombreuses techniques à mettre en œuvre pour que vous puissiez vous démarquer facilement.

Maintenir l'intérêt de l'audience, la planification principale est de construire une chaîne qui peut être caractérisée comme divertissante, mais avant de pouvoir être caractérisé comme un influenceur, vous devez montrer une personnalité accessible afin qu'elle soit beaucoup plus relatable aux autres utilisateurs.

Le manque d'expérience ou un niveau plus avancé de connaissances sur un jeu peuvent être remplacés par des commentaires sur certains jeux. En fait, vous pouvez devenir critique à l'égard de certains jeux, l'essentiel étant que vous ayez quelque chose à offrir qui montre votre authenticité.

En accomplissant ces petites étapes, vous pouvez devenir attrayant pour les utilisateurs. Vous n'avez pas besoin d'être un expert en montage vidéo ou en informatique, tant que vous pouvez vous concentrer sur votre présentation au public, votre popularité augmentera à grande vitesse.

Mais dans ce domaine, tout comme sur YouTube, la question du design compte, tant que vous pouvez montrer cette touche unique, vous aurez de grandes chances d'être un influenceur, et surtout de nouer des liens avec plus de sponsors, cette activité est très amusante tant que vous ne perdez pas le plaisir que chaque jeu apporte.

En plus de la conception, vous devez prendre soin de l'aspect interaction, donc à partir de la communication d'un message tout commence à valoir le double, tant que vous ne manquez pas de sujets de conversation ou avec un style clair dans la transmission, vous n'aurez pas de problèmes dans ce développement.

L'impression que vous faites sur les utilisateurs est un détail que vous ne pouvez pas vous permettre de manquer, donc une astuce pour éviter les oublis ou les nerfs est de créer des dialogues pour vous sentir beaucoup plus à l'aise avec la diffusion, comme vous pouvez capter le public, vous deviendrez une véritable célébrité en ligne.

Comment monétiser sur Twitch

Les avantages de l'utilisation de Twitch comme niche pour votre objectif d'influenceur se trouvent par la diversité des options pour promouvoir et générer des revenus, ceci est dû aux innombrables marques qui sont à la recherche de gamer ou qui fournissent des options d'affiliation pour vendre plus en ligne.

De nombreuses campagnes publicitaires atteignent un niveau supérieur en se promouvant sur Twitch, donc être un influenceur devient très tentant et utile, en termes généraux les actions qui sont menées à cette fin sont les suivantes :

Faites votre promotion en diffusant un logo sur Twitch.

La simple action d'exposer un logo au milieu de la diffusion, se traduit par une forme de promotion sur Twtich, car pour les marques, il s'agit d'un écart ou d'une période de temps pendant laquelle les utilisateurs prêtent attention et associent le logo, c'est pourquoi les marques passent ce type de contrat avec l'influenceur.

L'établissement de logos en étant en direct, représente une source de revenus simple mais efficace, c'est ce dont vous avez besoin, cela fait partie d'une idée qui aide chaque marque à se développer et les influenceurs sont beaucoup plus motivés, car ils génèrent des revenus avec l'utilisation de leur image.

Créer une section d'information sur la marque

Une fois que vous avez trouvé une opportunité de parrainage, vous devez la mentionner ou l'exposer dans une section entièrement privilégiée, de sorte que les visiteurs soient dirigés vers ce site web, avec la possibilité de placer des liens payants, afin de mettre en place ce grand avantage pour les deux parties.

Mettre en œuvre les chatbots

L'automatisation devient également une réalité dans votre carrière d'influenceur, dans le cas des Chatbots ils remplissent la mission de réguler l'interaction avec l'utilisateur, dans ce média vous pouvez également partager des liens sponsorisés afin que les spectateurs puissent diffuser ce type de message publicitaire qui vous fait générer des revenus.

La commande activée dans le chat est chargée de transmettre un texte à l'internaute, chaque fois qu'il tape, provoquant le déclenchement de la réponse que vous avez prédéfinie sur le bot.

Un titre dédié aux promotions Twitch

Le sujet des vidéos ne sert pas seulement de description, il est également utilisé comme information sur le parrainage et peut aussi être utilisé pour informer sur les nouvelles commandes, pour lesquelles un #ads ou #sponsored peut être inclus après le contenu qui est parrainé.

Questions relatives aux messages sur les médias sociaux

Pour que le contenu sponsorisé bénéficie d'un niveau élevé de trafic en ligne, vous devez penser à pousser l'information à travers les médias sociaux. Ce type de diffusion est essentiel pour obtenir une grande portée, afin que davantage de personnes puissent voir la promotion d'une manière beaucoup plus directe.

Cette opportunité numérique pousse la publicité à être plus créative, afin que plus d'utilisateurs puissent participer à des promotions sur Twitch, c'est un moyen exceptionnel d'atteindre un haut niveau d'engagement, il est intéressant de s'aventurer dans ce média afin qu'en jouant vous puissiez également créer des liens commerciaux.

Les promotions représentent une grande opportunité lorsque vous avez un large public de joueurs, ce sont des options qui s'offrent à vous lorsque vous construisez un compte de haut calibre, vous devenez une figure intéressante pour les marques, tout cela parce qu'elles vous voient comme une solution pour atteindre plus de personnes.

L'opportunité de réussir en tant qu'influenceur de jeux sur Facebook

Très peu sont conscients des fonctions et du potentiel qui se cachent derrière Facebook Gaming, alors qu'il s'agit en fait d'une autre plateforme dédiée aux amateurs de jeux vidéo. Bien qu'il s'agisse d'une communauté encore en pleine expansion, elle permet de créer un lien mondial et de créer un réseau social.

L'essor des jeux vidéo a généré qu'aucun réseau social ne peut ignorer l'action de partager ce type de contenu, petit à petit Facebook gagne un grand niveau de popularité dans le monde du jeu, et il reste un espace social et interactif pour se présenter comme un influenceur et partager son contenu.

Les tactiques publicitaires qui peuvent être développées dans cet environnement sont intéressantes, c'est pourquoi le rôle du marketing est crucial pour ces missions. Le Facebook Gaming en lui-même ne dépasse même pas YouTube ou Twitch, mais vous pouvez mettre en œuvre ces actions pour augmenter votre présence sur ce réseau social :

Construisez votre image auprès du public : vous ne pouvez pas perdre de vue la communauté, c'est-à-dire que le jeu est tout aussi crucial, mais c'est une erreur de ne pas utiliser chaque fonctionnalité de ce réseau social pour vous positionner comme un joueur à suivre ou à considérer, surtout avec les nombreuses possibilités de croissance dans ce domaine. Votre profil doit dégager un style distinctif jusqu'à ce qu'il devienne un parcours réussi, mais vous devez être clair sur ce que vous voulez partager sur vous-même.

Planifiez en détail : les influenceurs ont besoin d'un point de départ clair, car les utilisateurs cherchent à être distraits par le type de contenu que vous diffusez, donc plus vous pouvez trouver de nouvelles idées, meilleur sera votre guide, mais vous devez également étudier le marché. Pour avoir accès à davantage d'opportunités, vous devez savoir ce qui existe, ainsi que les tendances modernes, afin de pouvoir partager les nouvelles du secteur des jeux sur Facebook.

Classez vos idées par ordre de priorité : tout ce qu'un influenceur doit faire, c'est de mettre en œuvre des mesures créatives. Sur Facebook, vous devez vous occuper de la conception du logo, de la photo de couverture et des boutons de médias sociaux, car il s'agit d'étapes fondamentales pour développer une grande image et se distinguer en tant que professionnel.

Partager du contenu en streaming : La meilleure façon d'être un joueur avec plus de présence, est de diffuser le contenu que vous produisez via streaming sur la page créée sur Facebook, de cette façon quand un utilisateur navigue vous pouvez vous trouver facilement et profiter de ce que vous générez, il y a beaucoup d'idées pour mener à bien cet objectif.

Tout ce que vous devez savoir sur le marketing des jeux

L'environnement du jeu est toujours en constante révolution, il est devenu un écosystème qui augmente les niveaux d'engagement, car il est une base de millions d'adeptes et surtout de fans de jeux vidéo dans le monde entier, donc les stratégies commerciales connexes ont été fixés dans cette activité.

Un jeu vidéo est devenu une activité de divertissement à part entière, au point d'être une action interactive, entre une marque et les fans des jeux, passant d'un grand amusement, à un objectif, c'est pourquoi la création de contenu en tant que lien de connexion avec des tiers acquiert une plus grande pertinence.

C'est pourquoi le marketing des jeux a plus de sens, il s'agit précisément d'utiliser des contenus sur ce domaine, afin que les consommateurs puissent se connecter, ce qui en fait des utilisateurs potentiels et interactifs vis-à-vis de la marque, c'est un modèle beaucoup plus naturel et bidirectionnel.

Dans un moment historique comme la perturbation de tous les marchés, le jeu a été utilisé comme une réponse, c'est un autre exemple de la révolution industrielle 4.0, où le contact avec le consommateur a été l'un des liens les plus latents, cela provoque un grand changement qui permet à un joueur d'être un influenceur qui favorise la marque.

Tout naît de la création de contenu en direct, qui peut apporter une grande valeur, tant pour une marque que pour les compétences propres d'un joueur. C'est pourquoi de plus en plus de moyens sont mis en œuvre pour faire partie des plateformes de streaming,

Ce qui est un fait quotidien, c'est que vivre de la simple action de jouer est vrai, surtout quand on a des millions d'adeptes, car de nombreuses marques continuent à investir dans cette proximité avec le public, dans ce sens le jeu provoque un haut niveau d'attention et est devenu un fonds d'investissement.

Les modèles économiques du monde des jeux sont liés au sponsoring, aux droits sportifs et au merchandising. Vous pouvez donc envisager de créer une entreprise dans ce secteur, même en partant de zéro, il vous suffit d'inclure le meilleur des jeux dans une stratégie marketing.

Les mythes que le monde du jeu a vaincus

Dans le passé, toute activité de jeu était étiquetée comme un vice, l'image d'une perte de temps totale, ou imposant également cette restriction de ceux qui prétendaient que c'était un monde réservé aux hommes, ou que les jeux vidéo causaient des dommages au même titre que les drogues.

Cependant, ces dernières années ont parlé d'elles-mêmes, grâce à de grandes figures et à leur succès, ce média a gagné en importance et en valeur, de plus en plus de personnes se joignent à l'expérience du joueur, le prestige que cet écosystème a gagné a laissé de côté tout type de mythe qui empêchait les gens de profiter d'un grand jeu vidéo.

Les jeux font désormais partie de nombreuses initiatives dans le monde entier, notamment dans les domaines de la santé, de l'éducation, du développement de l'enfant, de la gamification, du travail d'équipe, etc. Il existe donc de nombreuses approches permettant d'exercer une influence, ce qui signifie que les jeux vidéo sont en train de devenir une culture mondiale.

Si vous avez cette passion pour les jeux, le reste sera très facile pour vous, vous commencerez à apprécier le processus, la prochaine chose sur laquelle vous devez vous concentrer est d'entrer en contact avec des adeptes, de construire un public et de les convertir en consommateurs d'une offre commerciale que vous avez.

Il n'y a pas grand-chose à penser lorsqu'il s'agit de profiter de chaque opportunité qui se présente dans ce domaine, c'est pourquoi il est également courant de trouver des cours et des formations pour grimper rapidement dans cet environnement, mais sans connaissances préalables, cela vous prend plus de temps, c'est pourquoi chaque clarification doit vous motiver.

Tout sur le marketing des jeux sociaux

Pour évoluer en tant qu'influenceur de joueurs, vous devez tout savoir sur les meilleures stratégies que vous pouvez développer, surtout avec le large pouvoir généré par les réseaux sociaux. Avant cette importante évolution, il suffit de connaître des formes de communication plus directes pour que le monde des jeux vidéo puisse être transmis dans toute sa gloire.

Compte tenu de ce scénario, le marketing des jeux sociaux représente une action clé pour atteindre cette tâche, où vous couvrir et prendre en considération les habitudes des consommateurs, ceux-ci deviennent une motivation ou le nord de suivre chaque progrès qui est né sur l'industrie du jeu vidéo, qui par plus de communiqués émis, est authentique.

L'évolution est le fait à suivre de près, surtout avec le cloud, et tout le monde peut utiliser ce genre de fonctions, et faire partie de ce thème prometteur, une fois que vous avez accès à Internet, un simple bouton "play", vous sépare d'un grand niveau de popularité en ligne.

L'intérêt du marketing au sein de la scène des joueurs est dû au pouvoir qu'il génère dans le monde, et le jeu en combinaison avec les médias sociaux, émet une énorme quantité d'informations, des joueurs à la façon dont ils veulent jouer, et donc il est compris comme une base de données très riche.

Le rôle du marketing des jeux sociaux

Le marketing des jeux sociaux est basé sur une modalité d'application de conceptions et d'opérations aux jeux vidéo traditionnels, où différents secteurs paient pour obtenir un accès minimum à cette base de données, et engagent donc des influenceurs pour mener à bien toute une stratégie commerciale, les deux parties en profitent.

La communication avec les followers doit être beaucoup plus dynamique, pour retenir plus d'informations de leur part, surtout lorsque vous avez une grande audience, vous pouvez développer ce type de mesures, où la marque cherche à participer et à savoir tout ce qui est pensé ou dit sur le monde du jeu à travers votre contenu.

L'entrée dans le monde des consommateurs est générée par toutes sortes de joueurs populaires, il faut donc fournir une performance exigeante, mais surtout sans perdre le côté humain pour que les marques ne soient pas si intrusives sur les followers, c'est l'équilibre qu'un influenceur est chargé de faire.

L'attention portée au contenu joue un rôle clé, car il est bien de monétiser, mais vous ne pouvez pas perdre la passion pour chaque jeu. Ainsi, au fur et à mesure que vous vous développez, vous devez réaliser des intégrations efficaces, afin que l'interaction avec les utilisateurs ne soit pas perdue, mais qu'elle soit le point central de votre dévouement aux joueurs.

De plus en plus d'entreprises participent à cet investissement sur les influenceurs, cela est dû au fait qu'il y a une plus grande occupation sur les applications et les jeux, donc l'interaction avec les utilisateurs est pertinente pour construire une plus grande fiabilité lors du lancement, et pour l'influenceur cela signifie gagner de l'argent.

Le pouvoir des jeux vidéo sur le support numérique

Dans les réseaux sociaux, la valeur du joueur est devenue présente, le plaisir de ce thème fait maintenant partie des médias numériques pour récolter un grand échange agréable, mais aujourd'hui les jeux vidéo sont capables de fournir beaucoup plus, et que la progression d'un jeu élève les sens des utilisateurs à se développer dans chaque plateforme numérique.

L'obligation d'avoir un public de gamers est la clé pour être ambassadeur de nombreuses marques, et même créer sa propre marque, est une voie qui a connu un grand succès ces dernières années et on ne peut pas négliger le changement de vie que cela représente pour un gamer, suivant le même schéma que d'autres youtubers ou stars du net.

Quel que soit le type de jeu auquel vous jouez au quotidien, il s'agit d'un environnement idéal pour mettre en œuvre et exploiter les bannières publicitaires comme méthode de génération de revenus. Tant que vous parvenez à rendre votre public accro à votre contenu, vous vous trouverez dans une position idéale pour essayer d'autres méthodes commerciales en tant que personnalité publique.

Dans les réseaux sociaux, votre popularité augmente comme de la mousse, donc avec un peu d'aide vous pouvez grimper de manière significative, tout cela grâce au fait qu'il s'agit d'un média hautement social car l'internet envahit tous les coins du monde, donc la demande de nouveau contenu dans le monde des joueurs est très claire.

Où que l'on soit dans le monde, il est possible de pénétrer le public et de faire passer un message profond sur un jeu. La distribution des jeux vidéo ne mesure pas les frontières géographiques et ouvre donc beaucoup plus d'opportunités économiques.

Tant qu'il y a beaucoup d'utilisateurs en ligne, c'est une opportunité pour vous d'exposer votre gameplay ou une vision différente, lorsque vous assumez la croissance personnelle de votre gameplay pour être un influenceur, vous obtenez les avantages suivants :

Croissance

Le marché global que présente le monde des joueurs est distingué, donc lorsque vous diffusez vos compétences, vous avez entre les mains un formidable aimant pour vous développer en ligne, en plus de la démonstration de votre personnalité, car le charisme est ce qui accroche vraiment les utilisateurs.

Avec autant d'utilisateurs connectés, il ne fait aucun doute que la diffusion d'activités est un grand avantage, surtout lorsque vous révélez des données cachées sur vos jeux préférés, ce genre d'informations est un appât pour un grand nombre d'utilisateurs, c'est ce qui vous fait devenir une marque avec votre propre présence en ligne, et vos chiffres en sont le support.

Après la puissance des réseaux sociaux, c'est une entreprise qui ne décline pas, tant que vous restez dans le cadre d'une rénovation totale, vous ne perdrez pas de validité, mais vous pouvez croître de follower en follower, de sorte que vous arrivez à avoir un pouvoir d'audience élevé sur certains programmes de télévision, c'est une voie exclusive.

Vous êtes passionné par l'engagement

Dans chaque réseau social, le secret de tout est l'engagement, sans cet élément aucune plateforme numérique n'a de sens, c'est pourquoi de nombreuses marques émettent des paiements et mènent des enquêtes pour collecter des données auprès des joueurs, obtenant ainsi plus d'engagement, une véritable relation avec chaque follower.

En gagnant dans le jeu, vous gagnez en notoriété.

L'expérience de jeu est une introduction importante pour être un joueur, elle devient un atout social que vous pouvez utiliser comme stratégie de marketing, tout ce qui fait partie du jeu, fusionne avec votre personnalité pour créer ce personnage d'influenceur, et plus vous atteignez de niveaux, plus vous vous épanouissez dans les médias.

Il est essentiel que vous continuiez à incorporer des éléments ou des signes qui vous sont propres, de cette façon les joueurs reçoivent plus d'intérêt de la part de vos adeptes, de cette façon il devient facile d'émettre des promotions ou des offres pour changer le cours au sein du monde virtuel qui peut être une solution pour les utilisateurs.

Vous pouvez monétiser

Une fois que vous êtes dans une position distinguée, vous pouvez exécuter plusieurs façons de monétiser en utilisant la puissance du monde du jeu, tout d'abord, vous pouvez créer beaucoup d'engagements avec des marques ou des entreprises liées à ce domaine, car vous devenez le lien entre la marque et l'utilisateur.

La myriade de moyens de monétisation, encourager plus de gens à vouloir être des influenceurs, de sorte que vous pouvez commencer du bon pied en tenant compte de ces notions de base, où vous pouvez monter à un niveau rentable dans tous les sens, il ne fait aucun doute que le monde virtuel ouvre des possibilités pour vous complètement.

Le contenu qu'un influenceur gamer doit créer

De la même manière qu'une marque cherche à avoir un impact important en ligne, un influenceur vit également de son image, le dévouement ne s'arrête pas simplement parce qu'il cesse d'enregistrer des jeux vidéo, mais il devient une habitude personnelle, partageant avec le monde beaucoup plus de votre côté personnel concentré sur le monde des jeux.

Lorsque vous publiez du contenu, vous devez donner le ton de votre style sur chaque réseau social, où il est vital de créer un début totalement frais et cohérent pour bien servir vos adeptes, afin que vous puissiez ensuite mettre en œuvre les conseils suivants et briller dans n'importe quel coin en ligne :

Mettez à jour vos statuts et diffusez des annonces : Sur tous les réseaux sociaux, vous devez tenir votre public informé. Par le biais d'un statut ou d'un contenu, vous pouvez communiquer au monde entier votre capacité à rester constant. Vous pouvez créer à l'avance la tension de la prochaine transmission comme une annonce, afin que les gens soient attentifs à ce que vous transmettez.

Communiquez avec vos adeptes : Chaque jeu dispose d'une énorme communauté à exploiter, surtout si vous utilisez ce pouvoir sur les médias sociaux, qui deviennent une avenue parfaite pour toutes sortes de promotions, où l'essentiel est que vous émettiez de la sympathie pour vous démarquer. L'activité sur les médias sociaux n'est en aucun cas négociable pour un influenceur.

Donner des opinions précieuses : chaque joueur a des informations et des astuces précieuses à partager avec le monde, en plus de la possibilité de donner des opinions sur les événements les plus importants qui surviennent dans l'environnement du joueur, et l'utilisation des réseaux sociaux est parfaite pour former cette identité. Chaque fois que vous le pouvez, n'hésitez pas à donner votre avis, en plus d'exposer au monde votre idée sur les jeux vidéo ou ce secteur, même si vous ne les aimez pas, il est important de s'exprimer afin d'attirer un public plus large.

Montrer les coulisses : Toutes les tentatives de faire un enregistrement de joueur peuvent se transformer en or pur, vous ne pouvez donc pas ignorer le contenu restant pour l'utiliser comme coulisses et montrer votre côté humain, d'autre part, vous pouvez intégrer des côtés ou des situations de votre vie personnelle, pour créer une connexion directe avec le public.

Recevez le soutien d'illustrations telles que des mèmes : le partage de mèmes est un grand avantage pour que les utilisateurs se sentent proches, vous pouvez les créer vous-même, ou les faire en rapport avec le jeu auquel vous jouez, l'important est que tout le monde aime les mèmes et l'humour. Pour rendre un flux plus humoristique, c'est une alternative efficace.

Considérer ce genre de conseil est de la pure créativité afin que vous ayez beaucoup à offrir sur votre profil de médias sociaux, où vous ne pouvez pas perdre de vue juste que l'intention sociale, en tant que joueur est une sorte de proximité que vous avez besoin de grandir, donc être un influenceur est un synonyme clair de sociabilité pour s'ouvrir au monde.

Stratégies de marketing pour devenir un influenceur de joueurs

Les jeux vidéo se traduisent par un canal de divertissement mondial, comme le révèlent les immenses chiffres de 2,6 milliards de joueurs dans le monde, soit le tiers de la planète qui passe au moins 7 heures par semaine à jouer à des jeux, de sorte que le monde virtuel des jeux devient une véritable profession.

Si vous ne savez pas par où commencer au milieu de votre présentation d'influenceur, il vous suffit d'exécuter 5 étapes pour produire un grand niveau de gains, de cette façon vous pouvez construire votre popularité progressivement, cela devient une réalité après les considérations suivantes :

Déterminez votre public cible

Après tout le temps que vous avez passé sur le jeu, vous devez trouver un moyen d'obtenir des résultats d'interaction le plus rapidement possible, pour cette raison avant de commencer vous devez mettre en place un planning sur votre public cible, pour répondre à cela, vous devez connaître complètement le type de secteur que le jeu englobe ou auquel il est dédié.

Avant de faire toute promotion, le point de départ est le type d'adeptes que vous voulez atteindre, l'essentiel est que vous puissiez étudier chacune des caractéristiques du jeu vidéo, le genre sera également d'une grande aide, ainsi que les sujets connexes afin que vous puissiez exposer le contenu à ce marché ou à ce public.

Ce processus est connu sous le nom de segmentation, donc en créant ce début, vous pouvez concentrer la publicité d'une meilleure manière, en obtenant que le contenu soit exposé de la manière idéale dans laquelle les adeptes les aiment, en termes d'âge, il est préférable de choisir une mesure générale.

Au milieu de cette étude, vous pouvez également adopter une représentation du profil de votre client idéal, afin de structurer les endroits où vous pouvez cibler vos messages sur les médias sociaux, ou vous pouvez opter pour payer pour ce type d'analyse, qui est précieux pour avoir un sens de la direction.

Au début, il se peut que vous ayez des doutes sur certains modèles d'audience, sur le fait que votre genre ou votre jeu soit plus masculin ou féminin, et ainsi de suite. Vous pouvez donc apprendre à connaître votre adversaire à votre avantage, il en va de même pour le type de réseau social qui s'installe comme plus compatible avec la dynamique du jeu.

Il est essentiel de maîtriser le public sur lequel vous allez construire votre audience. Définir le type de personne que vous cherchez à atteindre est essentiel, afin de pouvoir concevoir librement le type de proposition que vous allez transmettre aux fans, vous devez donc développer vos idées en fonction de cet objectif.

Trouvez la bonne plateforme pour vous présenter en tant que joueur.

Une fois que vous avez décidé du type d'adepte que vous souhaitez engager, la prochaine chose à faire est de commencer à faire de la publicité sur la meilleure plateforme pour cet objectif. La question principale est de savoir où votre contenu aura le plus grand impact sur les gens, ce qui n'est pas un obstacle étant donné la diversité des médias existants.

Plutôt que de n'avoir aucun moyen de communiquer avec les fans de votre jeu, au fil du temps YouTube, Twtich, comme mentionné ci-dessus, ont été utilisés, mais en tant qu'influenceur, vous pouvez renforcer votre image personnelle dans d'autres médias courants tels qu'Instagram et Facebook.

Ces plates-formes sont très populaires pour raconter toutes les histoires du monde des joueurs de manière rentable et évolutive. Pour chacun de ces réseaux sociaux, vous devez mettre en œuvre un type de présence différent, afin de vous adapter pleinement à ce que vous recherchez dans ces fonctions de médias sociaux.

Créez des liens avec des influenceurs

En trouvant un réseau social qui vous convient, tant pour la diffusion que pour l'aspect social, vous pouvez établir des alliances au sein de l'environnement plus sociable, pour chercher à offrir un jeu avec plus d'impact, un bon moyen est de suivre de près le marketing d'influenceur, étant une opportunité de se rapprocher de plus de personnes.

Apporter votre contenu à un grand nombre de personnes est le but ultime, et ce type de marketing est une tâche à développer sur toutes sortes de plateformes, les résultats de ces tentatives sont prouvés, où il suffit d'avoir une personne pour promouvoir votre compte sur leurs réseaux sociaux.

Les connaissances que vous avez sur un secteur sont vitales à partager, c'est-à-dire que tout votre talent sur un jeu devient la principale ressource à utiliser pour générer du contenu avec d'autres influenceurs, surtout en profitant du fait que vous avez le type de follower que vous voulez très clair, en segmentant vous acquérez un grand avantage.

La qualité de ces alliances vous assure l'accès à 85% des personnes qui suivent cet influenceur, cette ressource spéciale est un canal publicitaire de premier niveau, bien que les facteurs à prendre en compte, est si leur audience est compatible avec votre projet gamer, parce que leur audience sera ce que vous serez en mesure de pêcher avec leur union efficace.

Le meilleur guide pour prendre la bonne décision est de penser à votre public à tout moment, de cette façon vous prenez les actions qui sont beaucoup plus prédominantes dans le genre du jeu que vous jouez, tout cela grâce au fait que vous construisez un thème comme votre propre identité qui sera la définition de l'influenceur.

Demandez l'aide de youtubers et de streamers pour créer du contenu de qualité.

Le streaming en direct est un excellent moyen de présenter vos compétences au monde entier. Grâce à cette activité, vous pouvez projeter une image de gamer audacieux, c'est-à-dire en collaborant avec d'autres personnalités formées, comme les youtubers et les streamers, qui jouent à d'autres types de jeux compatibles avec les vôtres.

Tous les fans de jeux vidéo aiment les réactions qui surviennent après une collaboration ou un événement en ligne. C'est l'occasion de montrer un côté plus qualitatif, et d'avoir une voie directe vers des adeptes potentiels, en gagnant plus de réputation en publiant sur ces réseaux sociaux, qui ne sont pas tous des jeux.

YouTube, en tant que puissante plateforme vidéo, a été considéré pendant des années comme le seul moyen de montrer comment jouer à des jeux, mais aujourd'hui rejoint par Twitch, où le contenu sur les jeux peut être mieux digéré, toutes les valeurs que vous portez sur un jeu peuvent être exposées dans ce média.

Les 6 défis des influenceurs de jeux vidéo

Les adeptes du monde du jeu méritent de profiter d'un autre type de contenu, mais surtout d'invoquer un autre type de dynamique pour éveiller l'interaction sur les adeptes, étant la clé pour atteindre le plus haut niveau en tant qu'influenceur, ce style d'activités est passionnant et vous pouvez prendre en compte ces idées :

Essayez de ne pas crier

Ce type de défi est un classique des médias sociaux, il est apparu comme une réponse aux youtubers qui diffusent leur "Try not to Laugh Challenge", où chacun des joueurs se concentre sur ses écouteurs et éteint parfois la lumière pour se perdre dans les jeux, ce qui leur permet de vivre de grandes frayeurs et expériences.

Un style farceur de ce genre prend de la valeur lorsque vous réalisez un défi de ce genre, avec cette mesure vous pouvez faire souffrir les abonnés, cela devient vrai lors de raids typiques d'Outlast, Amnesia ou autres livraisons, mais si vous atteignez un niveau de popularité plus élevé, les gens vont découvrir votre secret, mais c'est une sensation à découvrir qui attire l'attention.

Concevez un concours avec votre partenaire

Ce n'est pas la même chose d'être le meilleur avec son contenu habituel, mais d'oser le prouver à travers un défi, pour pouvoir faire jouer une personne ensemble, et pour pouvoir compter sur la création d'un contenu de type narratif, comme par exemple Life is Strange.

Au-delà de l'invitation d'une autre personne, vous pouvez opter pour une autre forme de collaboration, où vous pouvez contrôler le clavier et la souris à distance, il s'agit d'une blague et d'un lien entre joueurs qui met la patience à l'épreuve, si ce type d'alternative vous intéresse, vous pouvez faire le "Not My Hands Challenge", où une partie contrôle et l'autre guide.

Jeux de rôles

Pour qu'un influenceur puisse s'engager beaucoup plus avec ses followers, il est conseillé de mettre en place un jeu de rôle, de s'impliquer complètement dans le jeu, de commencer à agir dans la même lignée du genre du jeu, de faire en sorte que n'importe quel monde virtuel devienne réalité de manière simple, cela crée un grand lien d'empathie avec les followers.

Le pouvoir additionnel de la performance peut à lui seul susciter un large éventail de réactions de la part des téléspectateurs. Ainsi, plus vous parviendrez à insuffler de l'émotion dans votre sujet, plus vous pourrez faire en sorte que vos adeptes restent attentifs à votre sujet comme s'il s'agissait d'une série ou d'un court-métrage de grande valeur.

Étiquette

Pour briser le moule rigide qui consiste à ne jouer qu'à des jeux, vous pouvez avoir un autre type de contenu récréatif, pour cela vous pouvez faire des tags pour établir un point d'interaction avec les followers, puisque vous allez répondre aux questions qui peuvent être posées par les followers.

Au milieu des tags, vous pouvez vous consacrer à raconter ce qu'a été votre premier jeu, à mettre en lumière toute l'expérience qui a signifié ce chemin, c'est comme s'ouvrir avec vos followers pour expliquer la façon préférée de gagner, et le type de personnage que vous admirez le plus, ces données sont curieuses et engagent différents followers.

Multitâche

Avec des jeux compliqués comme Counter Strike, vous pouvez rendre les choses beaucoup plus intéressantes, notamment en prenant des risques, vous pouvez faire pénitence à chaque fois que vous vous faites tuer, cette façon de jouer est beaucoup plus inspirante, et sur les utilisateurs, elle génère beaucoup d'attentes, car ils ont le sentiment de faire partie du défi.

Ce type de version est utile pour les jeux en groupe, l'important est que vous puissiez créer des règles qui mettent tout le monde au défi, c'est une occasion claire pour vous de décider de la meilleure façon de réaliser cette activité, en utilisant des méthodes et des pénalités qui sont un véritable défi pour tout le monde, vous pouvez choisir librement.

Défis spécifiques au jeu

Parmi la variété de jeux vidéo, il y a une sélection qu'il n'est pas utile de partager avec les adeptes, c'est-à-dire que cela devient complexe et improductif, mais il y a toujours un moyen de partager ce jeu avec votre public, il s'agit de trouver la meilleure opportunité.

Un exemple d'une telle mesure est League of Legends, comme avec les CDA, vous pouvez défier un autre type d'influenceur qui est impliqué dans un jeu de combat, concevoir des points ou un pari en général pour le rendre plus attrayant, et créer des règles qui intéressent tous les joueurs.

Chacun de ces défis vous permet de créer une grande dynamique pour attirer l'attention, ces exemples ne sont que le début de tout, vous pouvez donc mettre une cause différente sur votre défi, de cette façon il devient le centre d'attention, en suivant ces idées de près vous mènera à vous connecter directement avec le public.

La domination des influenceurs de jeux vidéo

Le marketing numérique a créé une fenêtre de grandes opportunités pour les joueurs, car ils peuvent construire leur niche dans chaque réseau social pour se faire connaître, et plus vous générez de followers et d'interactions, plus vous générez de ressources.

175 milliards d'euros ont été générés dans chaque média numérique dédié aux joueurs, et on estime que ces chiffres vont continuer à grimper de manière exorbitante. En tant qu'expert en jeux vidéo, vous devez donc mettre vos idées en pratique pour captiver le public.

La meilleure façon d'agir dans le monde, en utilisant vos compétences de joueur, est d'exploiter au maximum chaque réseau social, et cela va de pair avec l'argent qui émerge sur cette activité, donc en tant qu'influenceur vous pouvez vous attendre à une large marge d'embauches, car les marques veulent décoller en utilisant ce pouvoir.

En tant que joueur de jeux vidéo, il vous suffit d'exercer certaines actions publicitaires traditionnelles pour atteindre le niveau dont vous avez toujours rêvé. Concentrez-vous donc sur la puissance de votre réseau social, car tant que vous disposez d'un large public, vous pouvez construire une niche d'une valeur d'environ 35 millions d'euros.

En tant que joueur, vous devez être plus à l'écoute de YouTube et de Twitch que vous ne l'auriez jamais imaginé, car il n'y a pas de meilleure plateforme pour présenter votre contenu, qui est simple puisqu'il s'agit simplement de rejouer à des jeux, ce qui signifie que vous n'avez pas à vous concentrer uniquement sur le montage vidéo, au contraire dans ce média ce n'est pas complexe.

Après chaque session de jeu, il est essentiel que vous puissiez évoluer en termes de commentaires, de mouvements et de maintien de la sympathie avec les sponsors, c'est le moyen par lequel vous vous positionnez comme un grand influenceur, en dégageant également une image professionnelle.

L'amélioration est une nécessité dans les médias numériques, car les adeptes ne demandent qu'une innovation constante. C'est une grande différence avec d'autres secteurs modernes, dans lesquels vous voulez maintenir une image traditionnelle, mais dans ce cas, vous pouvez suivre votre propre style de joueur.

La facilité du monde des joueurs est que la production est simple, il n'y a pas tant à investir, car il s'agit d'un résumé ou d'un décompte de vos jeux, c'est donc une industrie sur laquelle il faut parier, c'est très simple pour peu que vous soyez passionné de jeux vidéo, il a été classé comme contenu facile et le monde du profit est en hausse.

Devenez membre de la communauté des influenceurs

Pour changer votre vie en tant qu'influenceur, vous ne devez pas oublier tous les conseils donnés, tout d'abord rappelez-vous que l'objectif que vous vous fixez dès le début est ce qui compte, car vous ne devez pas faire partie de ce monde juste en postant de manière incontrôlée, mais en définissant une stratégie claire vous pouvez arriver là où vous rêvez.

Découvrez votre propre style, car c'est votre principal drapeau pour montrer au monde ce que vous voulez, où vous pouvez exposer vos compétences en tant que joueur, en maîtrisant vos forces et vos faiblesses vous construisez une image solide en tant qu'influenceur, où vous devez vous accrocher à tout ce qui vous rend différent.

Défendez le thème que vous avez choisi dès le premier instant, et sur chaque plateforme, n'arrêtez pas de vous entraîner et d'apprendre plus de détails du jeu, c'est votre véritable pouvoir, surtout pour être authentique sur n'importe quelle scène, c'est essentiel pour que vous soyez un influenceur comme cela a été relaté dans chaque idée, l'essentiel est d'avoir la motivation pour oser.

Laissez de côté les limitations, aujourd'hui avec le phénomène numérique vous pouvez briser beaucoup de barrières, le plus que vous avez est le support pour diffuser du contenu qui vous fait présenter une image crédible, vous ne pouvez pas arrêter d'être vous-même, le reste est de profiter du potentiel qui se cache derrière chaque plate-forme numérique et de réussir en tant que joueur.

Autres titres de Red Influencer

**Secrets pour les influenceurs : astuces de croissance
pour Instagram et Youtube**

Secrets pratiques pour gagner des abonnés sur Youtube et
Instagram, susciter l'engagement et multiplier la portée.

Vous commencez à monétiser sur Instagram ou Youtube ?

Dans ce livre, vous trouverez des astuces pour augmenter votre portée. Des secrets pour des influenceurs directs et clairs tels que :

Automatiser les posts Instagram
Comment générer du trafic sur Instagram, des astuces.
Algorithme d'Instagram, apprenez tout ce que vous devez savoir
Des conseils sur Instagram pour améliorer l'interaction avec nos followers
18 façons de gagner des followers sur Instagram gratuitement
Apprenez avec nous comment monétiser votre profil Instagram.
Sites web clés pour obtenir rapidement des followers sur Instagram
Tendances Instagram
Guide : Comment devenir un youtuber
Comment devenir un Youtuber Gamer
Des astuces pour obtenir plus d'abonnés sur YouTube
Des astuces pour classer vos vidéos YouTube en 2020
Hack pour Youtube, changer le bouton Pause pour le bouton Abonnement

Un livre qui vous montrera à la fois les aspects généraux et ce qu'il faut faire pour gagner sa vie en tant qu'influenceur.

Nous abordons ouvertement des sujets tels que l'achat de followers et les astuces pour améliorer l'interaction. Des stratégies BlackHat à portée de main, que la plupart des agences et des influenceurs n'osent pas reconnaître.

Chez Red Influencer, nous conseillons depuis plus de 5 ans des micro-influenceurs comme vous pour créer leur stratégie de contenu, pour améliorer leur portée et leur impact sur les réseaux.

Si vous voulez devenir un influenceur, ce livre est incontournable. Vous devrez développer des connaissances sur les plateformes, les stratégies, les publics et la manière d'atteindre une visibilité maximale et de monétiser votre activité.

Nous avons de l'expérience avec les influenceurs de tous les âges et de tous les sujets, et vous pouvez en être un aussi.

Procurez-vous ce livre et commencez à appliquer les secrets professionnels pour gagner des followers et devenir un influenceur.

Il s'agit d'un guide pratique pour les influenceurs de niveau intermédiaire et avancé, qui ne voient pas les résultats escomptés ou qui stagnent.

La stratégie et l'engagement sont aussi importants que le volume d'abonnés, mais il existe des astuces pour les booster, dans ce guide vous en trouverez plusieurs.

Que vous souhaitiez être un Youtuber, un Instagrammer ou un Tweeter, grâce à ces stratégies et conseils, vous pouvez les appliquer à vos réseaux sociaux.

Nous savons qu'il n'est pas facile d'être un influenceur et nous ne vendons pas de la fumée comme les autres, tout ce que vous trouverez dans ce livre est la synthèse de nombreuses histoires de réussite qui sont passées par notre agence.

Le marketing d'influence est là pour rester, quoi qu'on en dise. Et il y a de plus en plus d'ambassadeurs de la marque. Des personnes qui, comme vous, ont commencé à travailler sur leur marque personnelle et à cibler une niche spécifique.

Nous dévoilons en détail tous les secrets de ce secteur qui fait bouger des millions de personnes !

Vous pourrez appliquer nos conseils et astuces à vos stratégies de médias sociaux pour augmenter le CTR, améliorer la fidélité et disposer d'une stratégie de contenu solide à moyen et long terme.

Si d'autres ont réussi à monétiser avec persévérance, dévouement et originalité, vous le pouvez aussi !

Sur notre plateforme redinfluencer.com, nous avons des milliers d'utilisateurs enregistrés. Un canal de contact à travers lequel vous pouvez offrir vos services dans un marché d'avis pour les marques, et qui recevra des offres à votre email périodiquement.